Lokales Marketing für KMU

in Kapseln

Die Geheimnisse des legendären Dan S. Kennedy

INDEX

VORWORT

Welche Bestien lauern hinter deiner Tür?

Verliert dein Geschäft den Kampf gegen Online-Shops? Hast du es auch mit immer launischeren und flatterhaften Kunden zu tun? Stehst du ständig vor steigenden Kosten?

Wahrscheinlich hast du versucht, die Werbung großer Unternehmen in verschiedenen Medien zu imitieren, allerdings mit mageren Ergebnissen. Lokale Kleinunternehmen sind ein besonderes Wesen; sie können nicht gedeihen, indem sie einfach nachahmen, was die großen Ketten tun. Die derzeit stärksten und profitabelsten kleinen Unternehmen setzen auf das, was Jeff (mein Co-Autor) „Nachbarschaftsmarketing" nennt (im Originaltext „grassroots").

Es ist Marketing auf der Straße, indem täglich direkte Verbindungen in der eigenen lokalen Gemeinschaft geschaffen werden. Es ähnelt ein wenig der alten Art, Politik zu betreiben: Man organisiert Freiwillige, klopft an Türen, veranstaltet Events usw. Du könntest denken, dass dies in der Ära des Digitalen und der sozialen Medien nicht mehr so wichtig ist, aber das ist weit gefehlt. Also mein erster Rat an kleine Unternehmer ist dieser: Verhalte dich jeden Morgen so, als wärst du der Bürgermeisterkandidat deiner Stadt. Lokale Kleinunternehmen fallen leicht Beute von allerlei Bestien, besonders wenn sie nicht genügend treue und verbundene Kunden haben.

Auch in meiner Beratungsfirma ist das der Fall: 85% meiner Kunden sind seit vielen Jahren bei mir. Grundlage meiner Philosophie, die ich all meinen Kunden vermittle, ist, dass, während die meisten Unternehmen einen Kunden gewinnen, um einen Verkauf zu tätigen, wir den ersten Verkauf tätigen, um den Kunden über die Zeit zu halten. Das Ziel, auf das man hinarbeiten sollte, ist die Beziehung über die Zeit, nicht der Verkauf an sich.

Das gilt auch, wenn du Teil einer Kette oder eines Franchise bist, es ist wichtig, deine Niederlassung zu behandeln, als wäre sie ein lokales Kleinunternehmen; man kann sich nicht allein auf die Marke oder deren nationale Werbung verlassen. In diesem Buch werden wir zunächst untersuchen, was mit der üblichen Verwendung von Werbung und Medien nicht stimmt. Das ist wichtig, um nicht in die Falle zu tappen, immer dann zu werben, wenn man neue Kunden braucht, möglicherweise indem man kopiert, was die großen Marken tun. Dann legen wir die Grundlagen für eine spezifische Strategie für lokale Kleinunternehmen.

Dies ist nicht das typische Buch, das von Theoretikern und Akademikern geschrieben wurde, die von der Realität abgehoben sind. Es ist Teil meiner „Kein Unsinn"-Reihe (im Originaltext „No

B.S.") und wird daher sicherlich einige Feinde in der Werbebranche schaffen und dir vielleicht auch einige schwer zu akzeptierende Informationen geben.

Aber sei versichert, es wird dir die harte und reine Wahrheit sagen, ohne Umschweife.

Nur die Stärksten werden überleben, daher wird dieses Buch nicht nur erklären, wie man Kunden gewinnt, sondern dir hauptsächlich dabei helfen, dein Unternehmen zu stärken.

KAPITEL 1

Zurück in die Zukunft

Ich werde oft gefragt: „Was ist die beste Werbung?".
Die Antwort ist, dass jede Art von Werbung effektiv
sein kann und gleichzeitig jede Art von Werbung eine
totale Geldverschwendung sein kann.

Es hängt von vielen Faktoren ab, wie der Art des
Geschäfts, deiner Position im Markt, der Saison usw.
Es ist ein bisschen so, als würde man einen Arzt
fragen, was die beste Medizin ist: Es hängt von der
Art der Krankheit, den Gesundheitsbedingungen usw.
ab. Was man sich wirklich fragen sollte, ist: „Was ist
das beste Marketing?".

Werbung ist nur ein Teil des Marketings, einer
Disziplin, die PR, Direktantwort, Sponsoring,
Telemarketing usw. einschließt.

Um bei der Analogie mit dem Arzt zu bleiben:
Medikamente sind nur eine der Waffen, die ihm zur
Verfügung stehen; es gibt auch chirurgische Eingriffe,
Diäten, körperliche Übungen usw. Media Buyer und
Werbetreibende lieben es, sich als Ärzte aufzuspielen,
aber sie haben nur eine Behandlung anzubieten,
unabhängig von der Krankheit.

Am Ende ihrer Behandlung hast du nur Geld
ausgegeben, ohne geheilt zu werden. Die meisten

Werbungen sind immer weniger effektiv geworden, es scheint, als wären die Menschen immun geworden. Gleichzeitig steigen die Werbekosten. Du zahlst mehr für weniger.

WAHRHEIT Nr. 1

Werbung ist nicht die einzige Antwort auf das Bedürfnis nach Kunden oder Verkäufen. Es ist vielleicht nicht einmal die beste Antwort. Am meisten scheitert die Werbung, deren persönliche Relevanz für potenzielle Kunden fehlt.

Ein Großteil der Frustration entsteht durch den Versuch, eine einzige einfache Lösung für ein komplexes Problem zu finden.

Das durchgedrehte Branding

Oft, wie wir bereits erwähnt haben, endet man damit, die großen nationalen und internationalen Marken zu kopieren, und verliert sich in Details, die keinen minimalen Einfluss auf die Verkäufe haben.

Ich glaube, dies ist darauf zurückzuführen, dass diejenigen, die im Marketing tätig sind, eher darauf bedacht sind, ihr Ego zu befriedigen, um besser auszusehen, als sie in Wirklichkeit sind.

Vor einiger Zeit habe ich mit einem kleinen Franchise bei der Erstellung einer Werbekampagne zusammengearbeitet, um die Verkäufe zu steigern. Die größte Sorge des Marketingdirektors war die Art des verwendeten Fonts. Um Gottes willen, ich sage nicht, dass es unwichtig ist, aber in jener spezifischen Situation gab es weitaus größere Probleme als den Font! Die Obsession für die Bild-Details der großen Unternehmen ist nicht mit den Verkäufen verbunden, sondern mit Faktoren wie: Aktionären, Stakeholdern, Marktwahrnehmungen. Nichts davon betrifft kleine Unternehmen, die vor allem verkaufen müssen, um zu überleben!

Also, im Wesentlichen zählt das Image, aber es kann nicht deinen Ansatz im Marketing dominieren. Vor allem sollte es niemals die Strategien des „Marketing der nächsten Tür" hindern, die in diesem Buch enthalten sind.

Die traditionelle Werbung

1. <u>Zeitungen.</u> Die Zahl der Zeitungsleser nimmt von Jahr zu Jahr ab, und diejenigen, die bleiben, sind zunehmend abgelenkt und immun gegen Werbung. In bestimmten Fällen kann es jedoch noch Sinn machen. Die Frage, die du dir stellen musst, ist diese: Wer liest diese Zeitung? Ist es dein idealer Kunde?

2. <u>TV.</u> Das Gleiche gilt für Zeitungen. Weniger Menschen schauen zu, also frage dich immer, ob es sich lohnt. Du musst nicht einfach da sein, weil es andere sind.

3. <u>Radio.</u> Eine komplizierte Wahl; man muss die richtige Station, zum richtigen Zeitpunkt des Tages, die richtige Wiederholung, die richtige Dauer und die richtige Nachricht wählen.

Neben diesen Faktoren muss auch der CPM (Cost per Thousand) berücksichtigt werden. Es geht darum zu wissen, wie viel du bezahlst, um 1000 Personen deiner Zielgruppe zu erreichen. Schließlich gibt es die Geolokalisierung. Viele lokale Geschäfte würden Personen erreichen, die zu weit entfernt sind, es sei denn, es handelt sich um eine Attraktion wie einen Zoo, ein besonderes Restaurant oder einen Lieferservice.

4. <u>Außenwerbung.</u> Um zu funktionieren, benötigen Plakate eine absolut einfache Botschaft. Deshalb funktionieren sie besser mit sehr erkennbaren nationalen Marken. Für alle anderen ist oft der Kosten höher als der Gewinn.

WAHRHEIT Nr. 2

Es macht keinen Sinn, Werbung in Gelben Seiten oder verschiedenen Verzeichnissen zu schalten. Warum solltest du Kunden an den einzigen Ort schicken, wo alle deine Konkurrenten sind?

Unkonventionelles Marketing

1. <u>Internet.</u> Niemand kann es sich mehr leisten, das Internet nicht zu nutzen, wichtig ist, ein Gleichgewicht zwischen Investition und wirtschaftlicher Rendite zu finden. Eine gute Website kann viel kosten, um erstellt zu

werden, und muss ständig gewartet werden.
Auch Online-Werbung kann nützlich sein, ist
aber sehr teuer, besonders wenn man nicht
weiß, wie man sie nutzt, oder keine Strategie
hat.

2. <u>Telefonmarketing und Telemarketing.</u> Lokale
    Geschäfte unterschätzen oft eingehende
    Anrufe. Du kannst all das Geld ausgeben, das
    du möchtest, um deine Telefonnummer zu
    bewerben, aber wenn eine aufgenommene
    Mailbox antwortet oder, schlimmer noch,
    niemand antwortet, machst du eine nutzlose
    Anstrengung. Der erste Kontakt ist der
    kritischste und dem sollte man die meiste
    Aufmerksamkeit schenken.

Der Verkauf

Verkauf und Marketing kommen oft nicht
miteinander aus. Ein wahrer Marketer sieht den
Verkauf jedoch als ein weiteres Marketinginstrument.
In einem kleinen Unternehmen gibt es vielleicht
keinen echten Verkäufer, aber es gibt dennoch
jemanden, der in gewisser Weise diese Rolle
übernimmt.

Der Verkauf ist der letzte Schritt des gesamten
Marketingprozesses. Zu den Fehlern, die jemand, der
kein echter Verkäufer ist, macht, gehört das fehlende
Follow-up. Manchmal kommt es vor, dass jemand
Kontakt aufnimmt, um Informationen über ein
Produkt oder eine Dienstleistung zu erfragen, aber
dann nie wieder kontaktiert wird. Ein schwerer

Fehler!

Ein weiterer Fehler, den viele machen, auch viele Karriereverkäufer, ist nicht auf das zu hören, was der Kunde sagt, seine Bedürfnisse und seine Zweifel.

Werbungsagenturen

Agenturen lieben es oft, sich als Komplettservice zu denken: sie kümmern sich sowohl um die Auswahl der Medien als auch um die Erstellung der Nachricht. Das Problem mit lokalen Agenturen ist, dass sie oft davon träumen, große nationale Agenturen zu sein. Es ist ein kreatives Geschäft, sicher, aber oft steht die Kreativität im Weg, verhindert die Erstellung einer effektiven Nachricht und kastriert die Verkäufe.

Neben den Agenturen gibt es die Fachleute, jeder von ihnen spezialisiert auf sein Fachgebiet: Videomacher, Jingle-Komponisten, Grafikdesigner, Fotografen. Jeder von ihnen versucht natürlich, dir seinen eigenen Dienst zu verkaufen, du musst entscheiden, ob es wirklich Sinn für dein Geschäft macht.

P.R.

Obwohl eine Pressemitteilung und Artikel weniger kosten können als klassische Werbung, gibt es ein Problem: du hast keine volle Kontrolle über die Nachricht, der Journalist wird schreiben, was er will.

Wenn du eine Geschichte erschaffen kannst, die die Zeitungen autonom teilen wollen, kann es auch kostenfrei sein, aber das ist nicht immer leicht zu erreichen. Der Vorteil einer Geschichte in den Zeitungen ist, dass sie glaubwürdiger ist als klassische Werbung.

Konferenzen, Messen und Ausstellungen

Sie sind eine hervorragende Gelegenheit, die sich jedoch oft in sehr langweilige Veranstaltungen verwandelt. In diesen Fällen ist es sehr wichtig, einen Ablauf zu planen, der auch eine Form der Unterhaltung vorsieht, sonst wird niemand deiner Marketing-Botschaft aufmerksam zuhören. Unterschätze zudem niemals die damit verbundenen Kosten: Eintrittskarten, Mietgeräte, Reisepersonal, Strom usw.

Branded Gadgets

Kappen, Tassen, Stifte und alles, was ein Logo trägt, fallen in diese Kategorie. Sicher, sie können helfen, deine Firma in Erinnerung zu behalten, aber wenn sie nicht Teil einer umfassenderen Strategie sind, sind sie nur eine Verschwendung von Geld, das anderweitig sinnvoller eingesetzt werden könnte.

WAHRHEIT Nr. 3

Jedes Jahr verschwenden lokale Unternehmen viel Geld für sogenannte Sponsoren. Es sei denn, du weißt genau, was du tust, wirst du nie eine Rendite auf

deine Investition (ROI) sehen. Also, es sei denn, dein
Kind spielt in der Fußballmannschaft, verschwende
so nicht dein Geld.

Einige Überlegungen

Oft gibt es so viel Verwirrung und Unwissenheit, dass
ich empfehle, von Null, oder fast Null, zu beginnen.
Halte alles an und suche Alternativen an Orten, an
denen du es noch nie getan hast.

Leg alle Vorurteile, persönlichen Vorlieben,
Gewohnheiten beiseite und sieh mit neuen Augen,
was dir tatsächlich bessere Kunden zu einem
niedrigeren Preis bringen kann, je nach deiner
Situation.

Das könnte auch bedeuten, zum Ursprung des
Marketings zurückzukehren, modernere und
glänzendere Methoden beiseite zu legen und mehr
Wert auf die Substanz als auf die Form zu legen.

KAPITEL 2

Ein Problem zu deinem Vorteil nutzen

Immer mehr Menschen werden von den Rabatten großer Gruppen und Ketten angezogen, was ständig die Reihen deiner Kunden ausdünnt. Dennoch haben kleine Unternehmen eine Waffe, die kein großes Unternehmen jemals haben wird, auch wenn sie oft nicht ausreichend genutzt wird. Ich spreche von der persönlichen Beziehung zu den Kunden.

Wenn du denkst, dass den Menschen das egal ist, irrst du dich; fast alle bevorzugen den Umgang mit echten Menschen und wollen vor allem die Besitzer/Mitarbeiter eines Geschäfts kennenlernen.

Kurz gesagt, je mehr sie dich und deine Mitarbeiter kennen, desto mehr werden sie bei dir kaufen. Aus diesem Grund mag ich es immer, einige persönliche Details in die Werbung einzufügen, die ich für meine Kunden erstelle. Auch wenn sie wie unnötige Details erscheinen mögen, machen sie tatsächlich einen Unterschied!

Wie wir im ersten Kapitel gesagt haben, gibt es keine gute oder schlechte Werbung, es hängt immer vom Kontext und der Strategie ab.

Zum Beispiel haben wir gesagt, dass Plakatwände oft keine gute Investitionsrendite haben wegen der Kürze der Nachricht und den hohen Herstellungskosten. Stell dir jedoch vor, eines dieser gebrandeten Fahrzeuge wäre vor einem Haus geparkt, in dem du arbeitest, in einer Wohngegend, genau zu der Zeit, wenn alle nach Hause kommen. Stell dir auch vor, dass deine Mitarbeiter gut gekleidet sind, mit ordentlichen Uniformen, und dass sie bei Informationsanfragen freundlich sind und den Interessenten telefonisch mit einem Verkäufer verbinden, der alle Informationen über den Service erklärt.

Stell dir auch vor, dass alle Häuser in der Gegend nach Abschluss der Arbeit eine Reihe von Briefen mit den Zeugnissen ihrer Nachbarn erhalten, die erklären, wie zufrieden sie mit dir waren. Nun, in diesem Fall könnte es sich wirklich lohnen!

Abschließend, welches Medium du auch immer entscheidest zu verwenden, nutze es, als wäre es eine Erweiterung deiner Persönlichkeit und als Brücke, um Beziehungen aufzubauen. Große Unternehmen können all dies nicht tun.

WAHRHEIT Nr.4

Nichts kann echte und persönliche Beziehungen zwischen Unternehmen und Kunden ersetzen.

KAPITEL 3

Wie man Marketinginvestitionen plant

Wie weißt du, ob dein Marketingplan funktioniert? Der erste Schritt ist, dein gewünschtes Ergebnis festzulegen und alles zu verfolgen. Du musst auch in der Lage sein zu berechnen, wie viel du bereit bist, für die Akquise jedes einzelnen Kunden zu investieren und den durchschnittlichen Umsatz pro Kunde zu erhöhen.

Die Bedeutung des ROI

Der ROI ist die Investitionsrendite, d.h. das Verhältnis zwischen dem, was du im Marketing ausgegeben hast, und dem Umsatz, den du infolge des Marketings erzielt hast. Wenn die Investition X gekostet hat und Y an Verkäufen generiert hat, mach X minus Y und du hast deinen ROI.

Wie viel ist ein neuer Kunde wert?

Wenige Unternehmen kennen diese Zahl, aber sie ist

entscheidend, um Investitionen zu planen und das Funktionieren ihres Unternehmens besser zu verstehen.

Um sie zu berechnen, beantworte diese Fragen:

1. Wie hoch ist der Durchschnittsbon?

2. Wie oft kaufen deine Kunden? (täglich, wöchentlich, monatlich, etc.)

3. In welchem Prozentsatz werden neue Kunden zu Stammkunden?

4. Wie lange ist durchschnittlich die Lebensdauer eines neuen Kunden (die Dauer der Beziehung)? (Tage, Monate, Jahre?)

5. Wie viele neue Kunden kommen durch Mundpropaganda? Diese sind normalerweise die besten Kunden.

Wenn du deinen ROI berechnest, bedenke, dass es drei Arten gibt:

1. **Sofort.** Einnahmen, die direkt durch eine bestimmte Promotion oder Kampagne generiert werden.

2. **Langfristig.** Dies berücksichtigt alle Verkäufe, die im Laufe der Zeit von jedem einzelnen Kunden generiert werden (Lebenszyklus).

3. **Multi-Input.** Wenn deine Werbung jeden Monat in einer Monatszeitschrift erscheint, siehst du einen monatlichen Umsatzanstieg? Wenn ja, profitierst du von der Wiederholung dieser Anzeige. Es kann sein, dass die ersten 2

einen negativen ROI hatten, aber ab der dritten beginnst du einen wachsenden Gewinn zu sehen. In diesem Fall musst du den ROI über die gesamte Jahresdauer berechnen, nicht monatlich.

Der Wert eines Stammkunden

Die Kaufhäufigkeit eines Stammkunden hängt von der Art des Geschäfts ab; eine Bar wird eine höhere Frequenz haben als ein Tierladen oder ein Bekleidungsgeschäft. Ermittle, was eine vernünftige Frequenz für einen Stammkunden in deinem Geschäft ist (mehrmals pro Woche, pro Monat oder pro Jahr).

Dann multipliziere den Durchschnittsbon mit diesem Wert. Zum Beispiel, wenn deine Frequenz einmal pro Woche ist und dein Durchschnittsbon 10€ beträgt, indem du 10€ mit 52 multiplizierst, erhältst du den Wert eines neuen Stammkunden pro Jahr: 520€.

Ziel Umsatzsteigerung

Angenommen, letztes Jahr hast du 1.000.000 € umgesetzt und dieses Jahr möchtest du eine Steigerung von 5% (+50.000 € an Verkäufen).

Um zu wissen, wie viele neue Stammkunden du benötigst, um dieses Ziel zu erreichen, teilst du 50.000 € (Verkäufe) durch 520 € (Kundenwert). Das Ergebnis ist, dass du 96,1 Kunden benötigst, um 50.000 € mehr an Verkäufen zu generieren.

Was ist deine Konversionsrate?

Jetzt musst du herausfinden, wie viele der neuen Kunden zu Stammkunden werden. Normalerweise variiert dieser Prozentsatz zwischen 12% und 25%, manchmal sogar 50%.

Angenommen, deine Rate beträgt 25% (ein Viertel aller neuen Kunden). Du weißt, dass du 96 neue Stammkunden benötigst, um dein Ziel zu erreichen. Multipliziere 96 x 4 und du hast die Gesamtzahl neuer Kunden, die du in einem Jahr anziehen musst (384). Wenn du dies durch 12 teilst, weißt du, dass du jeden Monat 32 neue Kunden anziehen musst, um das jährliche Umsatzziel von 5% mehr zu erreichen.

Und die alten Stammkunden?

Jedes Mal, wenn du eine Promotion machst, die für alle offen ist, ziehst du nicht nur neue Kunden an, sondern auch die, die bereits deine Stammkunden sind.

Der schwierige Teil ist herauszufinden, ob diese Leute sowieso gekommen wären und den vollen Preis gezahlt hätten oder ob sie dank der Promotion ein zusätzliches Mal gekommen sind. Im ersten Fall verlierst du, im zweiten Fall gewinnst du. Aber es könnte sich trotzdem lohnen, besonders wenn du genug neue Kunden gewinnen kannst, die sich dann in weitere Stammkunden verwandeln.

Lass uns ein Beispiel machen: Du machst einen Rabatt von 2€. Von den 100 Personen, die ihn

nutzen, waren 50 bereits Stammkunden, die sowieso
gekommen wären, also hast du (praktisch) 100€
verloren. Weitere 25 waren Stammkunden, die dank
der Promotion einmal mehr gekommen sind und 8€
mehr als üblich ausgegeben haben, dank der Promo
(insgesamt +200€). Also, wenn man nur die 75
Stammkunden betrachtet, hast du sowieso 100€
gewonnen.

Dann gibt es die verbleibenden 25 neuen Kunden.
Angenommen, unser Konversionsrate von 25% bleibt
bestehen, sollten sie sich in 6,25 neue Stammkunden
verwandeln. Da wir wissen, dass jeder neue
Stammkunde 520€ pro Jahr wert ist, weißt du, dass
du von dieser einzelnen Promotion (neben den 100 €)
letztendlich 3250 € mehr im Laufe des Jahres dank
der neuen Kunden verdienen wirst.

Wenn das die einzige Promotion ist, die du machst,
um das 5% Umsatzplus in einem Jahr zu erreichen,
müsstest du sie 14, 15 Mal wiederholen.

WAHRHEIT Nr.5

Die Mathematik ist nicht einfach, aber es ist
essentiell, die Zahlen deines Unternehmens korrekt
zu berechnen, um gegen die Großen zu gewinnen und
den Return on Investment für jeden einzelnen Euro
zu maximieren.

Die Komplexität des Multi-Input-ROI

Diese Berechnungen werden komplizierter, wenn du

Medien mischst. Es ist möglich, dass ein Kunde dich zuerst in der Zeitung gesehen hat, dann einen Tipp von einem Freund erhalten hat und dir dann auf Instagram gefolgt ist. Dann, nach einem Monat, entscheidet er sich, zu dir zu kommen und auf deine Frage "Wie hast du uns gefunden?" antwortet er mit Instagram. Ohne die anderen Touchpoints wäre dies jedoch nicht passiert.

Wie man Daten verfolgt

Es ist entscheidend, die Ergebnisse deiner Marketingbemühungen zu verfolgen, um zu verstehen, was funktioniert und was nicht.

Es gibt 4 Wege, den Verkauf eines lokalen Geschäfts zu steigern:

1. Die Anzahl der Kunden erhöhen;

2. Die Kaufhäufigkeit erhöhen;

3. Den Durchschnittsbon erhöhen;

4. Aktuelle Käufe in mehr Produkte oder Dienstleistungen mit höherer Marge umwandeln.

Wenn dein Marketing positiv auf mindestens einen dieser Punkte wirkt, wirst du einen positiven ROI haben. Du kannst diese Daten auf 4 Arten verfolgen:

1. Die Anzahl der Ladenbesuche;

2. Die Anzahl der Telefonanrufe;

3. Die Anzahl der E-Mails oder Bestellungen;

4. Die Anzahl der Websitebesucher.

Während es einfach ist, die Verkäufe eines E-Commerce oder einer Direct-Response-Werbung zu verfolgen, ist es manchmal schwieriger. Sehen wir, was man in diesen Fällen tun kann:

- **Papier-Coupons.** Einer der einfachsten Wege, Ergebnisse zu verfolgen. Sie sind kostengünstig und der Kunde muss sie physisch mitbringen, um den Rabatt zu erhalten. Schwieriger ist es festzustellen, ob es sich um einen neuen oder einen Stammkunden handelt. Das Personal sollte geschult werden zu fragen, ob es das erste Mal ist, dass sie im Laden sind (und es auf dem Coupon selbst zu vermerken, so dass sie am Ende gezählt und von der Gesamtzahl der eingelösten Coupons abgezogen werden können);

- **Rabattcodes, exklusive Telefonnummern, E-Mail-Adressen oder dedizierte URLs.** Sie können für Werbung in Zeitungen, Radio, sozialen Medien, Plakatwänden und Post verwendet werden. So kannst du genau wissen, woher die Kunden kommen und welche Anzeige am besten performt.

WAHRHEIT Nr.6

Wenn du es nicht verfolgen kannst, mach es nicht. Wenn du die Ergebnisse deines Marketings nicht

verfolgen kannst, wirst du nie wissen, ob es
funktioniert oder nicht.

Tracking managen

Die Mitarbeiter spielen eine entscheidende Rolle in
diesem Prozess, da sie die Fragen an die Kunden
stellen und die Antworten aufzeichnen müssen. Um
ihre Arbeit zu vereinfachen, kannst du sicherstellen,
dass sie immer Umfragen zur Verfügung haben, die
von den Kunden ausgefüllt werden können oder die
sie selbst einfach ausfüllen können.

Um sicherzustellen, dass die Mitarbeiter ihre Arbeit
korrekt ausführen, kannst du diejenigen belohnen,
die die meisten Umfragen produzieren, oder Mystery
Shopper schicken, um zu überprüfen, dass alle die
Verfahren befolgen (vielleicht mit einer kleinen
Belohnung für diejenigen, die sie einhalten).

WAHRHEIT Nr.7

Es gibt viele Dinge, die du mit Werbung und
Marketing machen kannst, aber das bedeutet nicht,
dass du alles tun musst, was als modisch gilt oder was
große Unternehmen tun. Nicht alle haben deine
Interessen im Sinn, es liegt an dir, so viel wie möglich
zu verfolgen und zu analysieren, um zu verstehen,
was in deiner spezifischen Situation Sinn macht.

KAPITEL 4

Mache mehr aus deinem Werbebudget

Die Werbekosten steigen von Tag zu Tag. Werbung wird immer teurer und bringt immer weniger, weil die Menschen mittlerweile immun gegen Werbebotschaften sind. Das Ganze wird noch dramatischer, wenn wir ein Massenprodukt haben und daher ein breites Publikum erreichen müssen.

Es ist definitiv einfacher und kostengünstiger, sich an eine enge Nische von Menschen zu wenden, mit einer hyper-spezifischen Nachricht.

Eine radikale Möglichkeit

Versuche, dein Werbebudget zu halbieren.

Dein Ziel ist es jetzt, mit der Hälfte des Budgets dieselben Ergebnisse zu erzielen, also streng dich an!

Hier ist, was du mit der verbleibenden Hälfte tun kannst: Verwende 10% davon, um einige der Taktiken in diesem Buch zu implementieren, die du mit der aktuellen Werbung integrieren kannst. Den Rest kannst du nutzen, wie du möchtest: Mach Urlaub, beschenke deine Frau oder deine Mitarbeiter. Verschwende kein Geld für Werbung, die nicht funktioniert.

Wie du den TV-Ertrag steigerst

Versuche, deine Werbung mit dem Inhalt einer Fernsehsendung zu verknüpfen.

Stell dir vor, du könntest erfahren, dass eine wichtige Sendung eines lokalen Senders eine Folge über persönlichen Stil mit Tipps zu Make-up, Frisuren und Kleidung plant. Wenn du ein Schönheitssalon besitzt oder Kosmetiker/Friseur bist, Kosmetika/Kleidung verkaufst oder Dienstleistungen für die Körperpflege anbietest, könntest du deine Werbung während der Show platzieren. Auf diese Weise würdest du Menschen erreichen, die definitiv an deinem Produkt/Dienstleistung interessiert sind, im Gegensatz zu den Zuschauern einer Kochshow.

Oder du könntest deine Kreuzfahrten während der Werbepausen von Wiederholungen des Love Boat bewerben (mit Titanic würde es wohl nicht funktionieren!).

Wie du das Budget besser nutzen kannst

Stell dir vor, du verkaufst Klimaanlagen und hast eine Vereinbarung mit dem Radiosender, deine Werbung nur dann zu senden, wenn die Luftfeuchtigkeit über 50% steigt oder die Temperatur über 30 Grad liegt, genau dann, wenn die Kunden sie am meisten brauchen würden.

Oder stell dir vor, du bewirbst deine Autowaschanlage nur, wenn die Wettervorhersage 2-3 Tage Sonnenschein hintereinander ankündigt.

Oder noch, stell dir vor, du bewirbst einen Lieferdienst an Regentagen, wenn die Menschen vermeiden, im Regen rauszugehen.

Bevor du Werbeflächen auf irgendeiner Plattform kaufst, musst du wirklich verstehen, wer deine Kunden sind (demografisch, geografisch und psychologisch). Nur so kannst du das effektivste Medium finden, um sie zu erreichen.

Werbung im Radio

Manchmal gibt es Radiosendezeiten, in denen Werbung wirklich wenig oder gar nichts kostet.

Nachdem ich den Preis für die Werbung in den für mich besten Zeiten ausgehandelt habe, frage ich immer, ob sie auch kostenlos in den Zeiten gesendet werden können, die niemand will, manche stimmen zu!

Ein Rat, den ich meinen Kunden mit begrenztem Budget immer gebe, ist, nie für den wichtigsten Radiosender der Stadt zu bezahlen. Der Grund ist einfach, sie sind die wichtigsten und daher ist es schwieriger, einen guten Preis zu bekommen. Oft hat der Sender Nr. 1 maximal 20% der Gesamthörer, was bedeutet, dass du potenziell die verbleibenden 80% des Marktes mit allen anderen Stationen erreichen und vielleicht weniger ausgeben kannst.

Der entscheidende Faktor bei der Auswahl eines Senders ist der CPM (Kosten pro Tausend), also die Kosten, um 1000 Hörer deiner Zielgruppe zu erreichen.

Angenommen, deine Zielgruppe sind Frauen zwischen 25 und 54 Jahren. Der Radiosender Nr. 1 in der Stadt ist möglicherweise nicht der richtige für dieses Segment. Wähle sehr sorgfältig den Kanal, sonst verschwendest du nur Geld.

Frequenz. Normalerweise muss eine Radiowerbung mindestens 5 Mal gehört werden, um effektiv zu sein. Wenn der Sender, den du gewählt hast, zu teuer ist, um diese Frequenz zu erreichen, musst du eine günstigere Sendezeit wählen oder den Sender wechseln. Verringere niemals die Frequenz.

Ein paar kreative Beispiele

Eine Pizzeria in Colorado hatte eine kleine Anzeige in den Gelben Seiten, die sehr gut lief. Irgendwann kam Domino mit einem höheren Budget und größeren, auffälligeren Anzeigen in ihre Gegend.

Daraufhin kreierte der Besitzer der Pizzeria eine Kampagne, die besagte: „Wer uns die Anzeige von Domino aus den Gelben Seiten zerreißt und bringt, erhält eine kostenlose Pizza!". Nach einer Weile waren die Anzeigen von Domino in keinem Verzeichnis der Gelben Seiten mehr zu finden.

Oder hör dir diese Geschichte eines Mietwagenservices an, der „Ich weiß nicht" hieß. Wenn die Zentrale den Kunden fragte: „Welchen Anbieter möchten Sie?", war die Antwort oft „Ich weiß nicht".

Dies sind extreme Beispiele, aber sie vermitteln eine Vorstellung davon, was es bedeutet, nachzudenken und kreative Lösungen für Probleme zu finden.

KAPITEL 5

Nachbarschaftsstrategien

Das Marketing eines lokalen Geschäfts muss sich natürlich auf die Nachbarschaft und das geografische Gebiet konzentrieren, das es mit seinen Produkten oder Dienstleistungen bedienen kann. Massenmedien sind fast immer mit prohibitiven Kosten verbunden.

Es kann viele verschiedene Taktiken geben, aber nicht alle funktionieren gut in jeder Situation. Deine Aufgabe ist es, Ideen zu finden, um jede Gelegenheit für kostenlose (oder fast kostenlose) Werbung zu nutzen, um neue Kunden zu gewinnen und sie im Laufe der Zeit wiederkehrend zu machen. Aber vor allem benötigst du eine erhebliche Ausführungskraft, du kannst es dir nicht leisten, in der Ausführung zu scheitern.

WAHRHEIT Nr.8

Die meisten Marketingpläne und -strategien auf lokaler Ebene scheitern nicht wegen eines Mangels an guten Ideen, sondern aufgrund schlechter

Ausführung und fehlendem Follow-up. Engagement und Beständigkeit sind wichtiger als Kreativität.

Einen Plan umsetzen

Es ist äußerst wichtig, dass die Person (oder die Personen), die den Plan umsetzen, interne Mitglieder des Unternehmens sind. Ideal wäre es, wenn dies der Eigentümer oder der Manager übernimmt, aus folgenden Gründen:

- Wenn du jemanden bezahlen musst, um es zu tun, sind die Kosten nicht tragbar;

- Um alle möglichen Gelegenheiten für kostenlose oder kostengünstige Werbung zu entdecken, musst du tief in der Community verwurzelt sein, in der du operierst. Ein Außenstehender kann dies nie an deiner Stelle tun;

- Während diese Programme wachsen und sich entwickeln, wird der Manager/Eigentümer immer bekannter in der Gemeinschaft, und dieser Aspekt ist ein wesentlicher Hebel, der es ermöglicht, die Werbebotschaft zu verstärken.

Die häufigsten Fehler

1. Nicht genügend Zeit für die Entwicklung des Plans aufwenden;

2. Kein Training und Unterstützung für die

Personen bereitstellen, die für die Umsetzung
verantwortlich sind;

3. Sich auf externe Agenturen verlassen, die
    keine Erfahrung mit Strategien für lokales
    Marketing haben und daher unnötige und
    schädliche Komplikationen verursachen.

4. Fehlen von Verfahren oder mangelnde
    Aufmerksamkeit bei der Ausführung
    derselben;

5. Sofortige und unrealistische Ergebnisse
    erwarten.

KAPITEL 6

Nachbarschaftstaktiken

In diesem Kapitel werden wir einige Taktiken betrachten, die dir einige Anregungen geben sollen. Deine Aufgabe ist es, dich anzustrengen, sie an deine Branche anzupassen, mit den notwendigen Änderungen. Natürlich können nicht alle in allen Branchen verwendet werden, aber je mehr du darüber nachdenkst, desto mehr wirst du lernen, kreative Lösungen zu finden.

Händedruck und Visitenkarte

In einem Zeitraum von 11 Wochen hat die Managerin eines Lebensmittelgeschäfts 200 Visitenkarten an Personen ausgehändigt, die sie nicht als ihre Kunden erkannte. Sie verteilte täglich 10; auf jede schrieb sie von Hand „Gratisgetränk oder Kaffee" und unterschrieb sie. Während sie die Karten übergab, sagte sie, nachdem sie sich angemessen vorgestellt hatte: „Wenn du kommst, lade ich dich auf ein Getränk ein." Von den 200 ausgegebenen Karten haben 51 das Angebot angenommen, mehr als 25%. Natürlich kauften sie während ihres ersten Besuchs auch andere Dinge und einige von ihnen kamen mehrmals zurück.

Diese Art der Promotion funktioniert sehr gut, weil sie eine persönliche Beziehung zwischen Kunde und Eigentümer schafft. Wer würde nicht gerne die Menschen kennen, mit denen sie Geschäfte machen? Es lässt uns besonders fühlen.

Deshalb ist es wichtig, die Visitenkarte zu verwenden, nicht speziell erstellte Werbeflyer. Die Handschrift und die Unterschrift machen den Unterschied!

Die Maut-Aktion

Ein erfolgreicher Finanzmakler verwendete diese Taktik. Er reiste oft auf einer Mautstraße (1$) und bevor er am Mautstellenhäuschen bezahlte, schaute er sich das Auto hinter sich an.

Wenn es ein Luxusauto war, bezahlte er auch die Gebühr des anderen Autofahrers. Dann übergab er dem Mautstellenmitarbeiter seine Visitenkarte mit dem Vermerk: „Wenn du denkst, dass dies eine interessante Art ist, deine Aufmerksamkeit zu erregen, stelle dir vor, was ich für dein Finanzportfolio tun könnte." Auf diese Weise gewann er viele Kunden.

Die Visitenkarten-Ziehung

Wenn viele deiner Kunden Fachleute sind, kannst du eine Visitenkarten-Ziehung in Betracht ziehen. Es reicht, einen kleinen Bereich mit einem transparenten Behälter einzurichten und zu entscheiden, einen oder mehrere Preise zu verlosen. Die Informationen auf den Karten können für geschäftliche Zwecke wie Newsletter, Promotionen oder statistische Zwecke genutzt werden. Natürlich können Kunden, die teilnehmen möchten, aber keine Visitenkarte haben, ihren Namen, ihre E-Mail und Adresse auf ein Stück Papier schreiben.

Nach einigen Wochen ziehst du die Gewinner und sammelst alle Daten. Ideal wäre es, eine Karte deiner Gegend zu nehmen und für jeden Kunden eine Stecknadel einzusetzen, um zu sehen, welche Bereiche stärker und welche weniger stark vertreten sind. Um Verwirrung zu vermeiden, sollten zwei verschiedene Promotionen durchgeführt werden: eine mit Visitenkarten (oder beruflichen Informationen), um potenziell interessante Unternehmen zu identifizieren, und eine andere mit persönlichen Informationen (Wohnadresse). So kannst du alle Bereiche deiner Stadt wissenschaftlich kartieren und entscheiden, wo du gezielter eingreifen möchtest.

Diese Informationen können auch nützlich sein, um zu entscheiden, in welche lokalen Zeitungen/Radios/Fernsehsender du investieren oder wo du Plakate platzieren möchtest.

Cross-Promotions und Partnerschaften

Es ist nicht immer leicht, Zeit zu finden, sich mit anderen Händlern in der Gegend zu treffen, um neue Promotionen zu kreieren. Hör dir an, was ich für diesen Kunden getan habe, eine Werkstatt, die auf schnellen Ölwechsel spezialisiert ist.

Eines Tages im Wartezimmer bemerkte ich einen gut gekleideten Herrn und wir begannen zu plaudern. So erfuhr ich, dass er erst kürzlich in die Gegend gezogen war und dass er ein Manager bei John Deere etwa eine Meile entfernt war. Er war sehr zufrieden mit dem Service, also fragte ich ihn, ob er daran interessiert wäre, den 300 Mitarbeitern seines Standorts kostenlos einen Vorteil anzubieten.

Ich richtete dann eine VIP-Karte ein, die allen Mitarbeitern für einen Zeitraum von 3 Monaten 10% Rabatt auf den Ölwechsel bot. Diese VIP-Karten enthielten auch das John Deere-Logo und die einzige Bedingung war, dass die Promotion in den Gehaltsabrechnungen aufgeführt wurde, um sicherzustellen, dass jeder eine erhielt.

Je mehr du deine Kunden kennst, desto mehr Möglichkeiten hast du, dein Geschäft zu fördern.

Oder nehmen wir den Fall von Jason, dem Manager eines Comicladens. Zur Veröffentlichung der Fortsetzung von Batman entschied er, während der Vorführungszeit von „Batman Returns" eine Promotion mit dem Kino zu starten. Mit jedem verkauften Ticket wurde ein 1-Dollar-Rabatt auf einen Einkauf von 10 Dollar auf alle Batman-Gadgets ausgegeben.

Das Kino verteilte 10.000 Coupons, von denen 150 verwendet wurden und 50 zu Stammkunden wurden, die im Durchschnitt 10 Dollar pro Woche ausgaben.

So generierte Jason mit nur 100$ Ausgaben einen Jahresumsatz von 26.000$! Jetzt muss er die

Promotion nur noch mit Catwoman, X-Men,
Spiderman usw. wiederholen.

Die 3 I's der Cross-Promotion

- **Investition.** Das Teuerste an jeder Werbung
  ist der Kauf von Werbeflächen, um deine
  potenziellen Kunden zu erreichen. Mit einer
  Cross-Promotion hingegen ist die Verbreitung
  der Nachricht kostenlos; auch die
  Produktionskosten sind minimal;

- **(*Influence*) Einfluss.** Cross-Promotion
  bietet die gleiche geografische Präzision wie
  eine Massenpostkampagne, weil sie Menschen
  betrifft, die ein bestimmtes Gebiet
  frequentieren. Wenn du siehst, dass es einen
  Bereich gibt, in dem du wenige Kunden hast,
  weil es einen gut etablierten Wettbewerber
  gibt, kannst du gezielte Promotionen für
  Menschen schaffen, die weit genug entfernt
  sind (wir werden sehen, warum). Stelle dir
  einen Kunden vor, der auf den Ölwechsel
  wartet und im Wartezimmer Flyer mit „Cookie
  für 99 Cent" sieht. Er geht in die Bar nebenan
  und erhält nach dem Bezahlen des Cookies
  einen 2$-Rabatt auf den Ölwechsel, den er am
  Ende des Services vorlegt. Schön, nicht wahr?
  Schade nur, dass die beiden Geschäfte
  dadurch Stammkunden kannibalisiert haben,
  die sowieso den vollen Preis gezahlt hätten,
  wodurch der Gewinn ohne die Gewinnung
  neuer Kunden erodiert wurde. Deshalb ist es
  wichtig, sich an Menschen zu wenden, die

weiter weg sind (mindestens eine Meile), weil
sie normalerweise nicht zu dir kommen
würden;

- **Integrität.** Einer der größten Vorteile dieser
  Promotionen ist, dass sie die sogenannte
  „Preisintegrität" schützt, weil der Rabatt vom
  Partnerhändler ausgegeben wird, so dass es so
  aussieht, als ob die Verantwortung bei ihm
  liegt. Wenn du den Rabatt direkt an die
  Kunden gibst, könnten sie sich schnell daran
  gewöhnen und nicht mehr den vollen Preis
  zahlen wollen.

Wie man die Promotion einrichtet

Wie überzeugt man einen Händler, deine Werbung
kostenlos zu verteilen? Hier ist ein Beispiel, was du
sagen könntest:

*Mein Name ist X vom Geschäft Y hier in der Nähe.
Ich habe eine Promotion gesehen, die gut
funktioniert hat, und wollte sie auch dir
vorschlagen. (Wenn möglich, ein Beispiel der
anderen Promotion zeigen). Ich möchte dir die
Möglichkeit geben, deinen Kunden etwas mehr zu
bieten, eine Möglichkeit, ihnen für ihre Treue zu
danken. Was denkst du?*

Oft werden sie an dieser Stelle fragen, wie viel es
kosten wird, und du antwortest „Nichts!". Geschäft
abgeschlossen!

Jetzt bleibt nur noch herauszufinden, wie viele
Kunden das Geschäft hat, um zu wissen, wie viele

Tickets gedruckt werden müssen, und eine Kopie ihres Logos (zum Drucken auf dem Ticket) zu erhalten.

Auf dem Ticket reicht es, etwas wie „Dies ist ein spezielles Dankeschön von (Geschäftslogo) unterschrieben von (Name des Eigentümers/Managers)" zu schreiben.

Die umgekehrte Cross-Promotion

Ich erzähle dir die Geschichte, wie ein Juwelier in Indiana es geschafft hat, seine Kunden davon abzuhalten, andere Juweliergeschäfte für die Auswahl des Verlobungsrings zu besuchen, durch ein „Hochzeitspaket".

Der Manager ging zu all seinen Freunden, die mit der Hochzeitsbranche zu tun hatten. Er fragte sie, wie wichtig es für sie wäre, Zugang zu Paaren zu haben, die heiraten wollten. Er bat sie, ein exklusives Angebot für seine Kunden zu machen. Nachdem er alle Angebote gesammelt hatte, steckte er sie in einen schönen Umschlag, ähnlich einer Einladung, und schuf so das Paket, das den Kunden angeboten wurde, die sofort einen Verlobungsring bei ihm kauften.

Der Wert dieses Pakets betrug etwa 1000$ und umfasste Schönheitssalon, Limousinenvermietung, Reisebüro, Blumenhändler, Brautmodengeschäft, Fotograf, Konditorei, Gewichtsverlust usw.

Wenn ein Paar wegen des Preises des Rings zögerte, griff er an: „Wenn du ihn heute kaufst, bekommst du

dieses Paket im Wert von 1000$ gratis dazu." So
schloss er viele Verkäufe zu null Kosten!

Wie geht das mit Fachleuten?

Hör dir die Strategie an, die eine Pharmavertreterin
verwendet hat. Sie wusste, dass die Hälfte ihrer 400
Arztkunden Golf spielte, hatte aber kein Budget, um
Geschenke zu kaufen. Also ging sie zu einem
Golfzubehörladen und fragte sie, wie wichtig es wäre,
einige hundert golfspielende Ärzte als Kunden zu
gewinnen. Der Geschäftsmanager wusste, dass jeder
Arzt ihm etwa 2000$ Umsatz in 18 Monaten
einbringen würde. Die Vertreterin bekam 200
Gutscheine für ein Paket Titlist-Golfbälle im Wert von
25$. Der Gutschein war 2 Wochen lang gültig,
nachdem er dem Arzt persönlich übergeben wurde.
Es war ein riesiger Erfolg.

Dasselbe machte sie, um die Sekretärinnen der Ärzte
für sich zu gewinnen, indem sie 100 kostenlose
Maniküren in Partnerschaft mit einem gerade
eröffneten Schönheitssalon in der Stadt anbot.

Saisonale Promotionen

Es gibt Geschäfte, die von saisonalen Spitzen mehr
profitieren als andere: Blumenläden, Juweliere,
Konditoreien, Fotografen. Wenn du zu diesen
Kategorien gehörst, solltest du Gelegenheiten wie
Weihnachten, Valentinstag, Ostern, Muttertag usw.
nutzen.

Wenn du zu Beginn des Jahres mehr Aufmerksamkeit

möchtest, kannst du eine Cross-Promotion mit Unternehmen durchführen, die mit „guten Vorsätzen" zu tun haben, wie Gewichtsverlust, Fitnessstudios usw. An Halloween kannst du es mit einem Kostümverleih machen.

Es ist wichtig, 3 Monate im Voraus zu planen, um sicherzustellen, dass alles bereit und organisiert ist.

Die Konkurrenten-Schleife

Das erste Mal, dass ich diese Promotion verwendet habe, war, als ich Anteile an einem Nachtclub besaß. Wir wussten, dass viele unserer Stammkunden während einer Nacht viele andere Clubs besuchten (bis zu 20 pro Nacht).

Wir haben daher einen Kreis (Loop) von 6 Clubs erstellt. Jeder von uns 6 gab einen Gutschein beim Verlassen des Clubs aus, gültig für die anderen Mitglieder des Kreises, um die Streuung zu Clubs außerhalb des Kreises zu vermeiden und den Umsatz der Partnerclubs zu steigern.

Ein anderes Beispiel war, als 2 Fast-Food-Restaurants (eines national und das andere regional) einen neuen Konkurrenten in ihrem Gebiet sahen. Sie entschieden sich, sich zusammenzuschließen, um ihn zu blockieren, mit folgenden Initiativen:

- In der Woche vor der Eröffnung bewarben die beiden Restaurants einander mit Flyern;

- Beide schlossen während der Eröffnung des neuen Konkurrenten für einen halben Tag und hingen ein Schild auf: „Wir sind zu Ehren unseres neuen Nachbarn geschlossen. Geht dorthin!" Da sie sicherlich nicht erwarteten, am Eröffnungstag 100% der Kunden der Gegend zu haben, hätten sie wahrscheinlich Schwierigkeiten gehabt, alle rechtzeitig zu bedienen.

Die Kraft der Cross-Promotion geht über die Wirtschaftlichkeit der Aktion hinaus, weil sie viel glaubwürdiger ist als eine Werbung in den Massenmedien.

KAPITEL 7

Was ist dein wahres Geschäft?

Als Gastgeber vieler Seminare bin ich mehrfach auf Präsident Bush „Senior" getroffen. Das erste Mal, als ich ihn traf, sprachen wir kurz. Ein Monat später traf ich ihn wieder und er fragte mich, wie es meinen Büchern und Pferderennen ging, und schließlich fragte er mich auch, was ich von einer Neuigkeit in der Werbewelt halte.

Als ich seine Frau Barbara fragte, wie er sich all das merken konnte, sagte sie mir, dass:

- er sein Gedächtnis trainierte;

- er Notizen über alle machte, die er traf, um sein Gedächtnis vor einem erneuten Treffen aufzufrischen;

- es seine Pflicht als Politiker war;

- man nie wissen kann, wessen Hilfe oder Spende man einmal benötigen könnte.

Also stelle ich dir jetzt die Million-Dollar-Frage: Was ist dein wahres Geschäft?

Viele verwechseln das Produkt oder die

Dienstleistung, die sie anbieten (Deliverables), mit ihrem Geschäft. Wenn du ein Restaurant besitzt, denkst du vielleicht, du seiest im Gastgewerbe tätig, aber das wäre ein Irrtum. Nehmen wir Bush: Er wusste, dass Regieren sein Deliverable war, aber sein wahres Geschäft bestand darin, Beziehungen aufzubauen, Gelder zu sammeln, Einfluss zu nehmen und alles, was mit dem lokalen und persönlichen Aspekt zu tun hatte.

Viele „NO B.S." Marketer betrachten sich zuerst als Marketer im Marketingbereich und erst danach als Marketer von Restaurants oder Schönheitssalons usw.

Darüber hinaus nutzen sie Marketing, um auf lokaler Ebene eine persönliche Beziehung zu ihren Kunden aufzubauen.

Leider gibt es nicht viele Unternehmer, die bereit sind, alles Nötige zu tun, um ihr Unternehmen vor der Preiszerstörung durch Online-Handel und große Ketten zu schützen. Einer der Schlüssel, um ein Unternehmen vor all dem zu schützen, ist der kontinuierliche Aufbau persönlicher Beziehungen zu den eigenen Kunden und zur Gemeinschaft, in der man tätig ist.

Die kleine Buchhandlung in meinem Dorf kann nicht mit der großen Auswahl an Titeln, der Einkaufsbequemlichkeit und den Rabatten von Amazon konkurrieren. Ihre einzige Immunität liegt darin, dass ich gerne dorthin gehe, höre, welche Bücher sie ausgewählt haben und warum, Titel entdecke, nach denen ich nicht gesucht hätte, und Teil der Gemeinschaft zu sein.

KAPITEL 8

Innerhalb der vier Wände

Einige der besten "Next-Door-Marketing"-Ideen können direkt innerhalb des Unternehmens umgesetzt werden. Der Vorteil ist, dass du die vollständige Kontrolle über die Implementierung hast, ohne Zwischenhändler, und der Zeitaufwand ist minimal.

Der Mitarbeiterwettbewerb

Es ist sehr einfach und kann mehrmals im Jahr durchgeführt werden.

Erstelle zunächst einen starken Rabatt, er muss besser sein als ein normaler Rabatt. Dieser Gutschein muss am Ende die Unterschrift des Mitarbeiters und das Datum enthalten.

Ein Kunde von uns erhielt 942 Besuche durch diese Promotion, davon 250 neue Kunden. Ihre Umwandlungsrate von neuen zu Stammkunden beträgt 27%; das bedeutet, dass von diesen 250, ganze 67 zu Stammkunden mit einem Wert von 500$ pro Jahr werden.

Daher hat unser Kunde in den 12 Monaten nach der Promotion 33.500$ zu seinem Umsatz hinzugefügt, bei lächerlichen Kosten von etwa 50$.

So funktioniert es: Die Teilnahme ist freiwillig, und alle Mitarbeiter können teilnehmen. Du gibst jedem 50 Tickets, die sie unterschreiben sollen, und erklärst, dass sie diese in ihrer Freizeit verteilen sollen, möglichst weit weg vom Geschäft (um so viele neue Kunden wie möglich zu erreichen).

Wenn die Kunden ins Geschäft kommen, geben sie das Ticket ab, jede Woche wird gezählt, wer die meisten abgegeben hat, und der Gewinner wird bestimmt, der einen im Voraus vereinbarten Preis erhält (Gutscheine von anderen Unternehmen, zusätzliche freie Tage usw.).

Kundenempfehlungen (Referrals)

Nehmen wir als Beispiel ein Fitnessstudio oder Ähnliches, bei jedem neuen Kunden oder Abonnement könnten 3 Empfehlungscoupons für eine kostenlose Woche oder 2 kostenlose Trainingseinheiten ausgegeben werden. Das neue Mitglied schreibt das Datum und unterschreibt den Coupon, um ihn an Freunde und Verwandte zu geben. Für jede Person, die sich aufgrund des Programms anmeldet, erhält der Empfehlende einen Rabatt (einen Monat kostenlos oder einen Geldpreis). Wenn der Kunde so gut ist, sie alle 3 zu verwenden, können weitere gegeben werden (theoretisch unendlich...).

Wie beim Mitarbeiterwettbewerb können hier

ebenfalls die Kunden belohnt werden, die am meisten weiterempfehlen, vielleicht jährlich, um sie noch mehr zu motivieren.

Verkaufsvorschläge

Es kann so einfach sein wie "Möchtest du auch Pommes dazu?" oder ein bisschen komplizierter. Ich gebe dir ein Beispiel eines meiner Kunden, eines Restaurantbesitzers: um das Personal zu motivieren, mehr Desserts zu verkaufen, hat er einen Wettbewerb ins Leben gerufen, bei dem der beste Kellner ein Dessert ins Gesicht des Chefs werfen durfte. Diese Taktik war unglaublich erfolgreich, weil die Kellner wirklich motiviert waren, das Dessert vorzuschlagen, es war keine Zwangssituation, sondern reiner Spaß für sie!

Belohnungen für die Einhaltung von Terminen

Wie viel kosten dich die Ausfälle, die Termine nicht einhalten? Wir haben geschätzt, dass es für einen Zahnarzt bis zu 30% des Umsatzes kosten kann. Im Falle eines unserer Kunden belief es sich auf etwa 130.000$ pro Jahr, also haben wir beschlossen, 10.000$ auszugeben, um dieses Phänomen zu bekämpfen. Hier ist, was wir in das neue Programm aufgenommen haben:

- 6 Monate bevor wir anfingen, haben wir das Programm bei den Kunden beworben;

- Jeder Patient muss immer 2 aufeinanderfolgende Check-up-Termine haben;

- Wenn sie absagen, das Datum verschieben oder nicht erscheinen, werden sie disqualifiziert;

- Alle Patienten treffen sich zu einer Jahresendfeier;

- Der Patient muss den Behandlungsempfehlungen folgen;

- Ein Gewinner eines großen Endpreises wird während der Feier gezogen.

Wenn ein Kunde anruft, um den Termin zu verschieben, reicht es oft aus, ihn daran zu erinnern, dass er für den großen Endpreis disqualifiziert wird, um ihn umzustimmen (das passiert in 2/3 der Fälle).

Gegenseitige Ausstellungen

Hör dir das an: Ein Tauchzubehörladen hat eine richtige Schaufensterausstellung innerhalb eines Reisebüros eingerichtet, in der Nähe des Plakats, das Kreuzfahrten mit Tauchspots bewarb.

Neben den voll ausgestatteten Mannequins gab es die Promotion einer kostenlosen Lektion für jeden, der eine Kreuzfahrt kaufte. So konnte der Tauchzubehörladen seine Sichtbarkeit erhöhen und eine Zielgruppe potenzieller Kunden erreichen, die ihn sonst nicht als Option betrachtet hätten.

Diese Promotion kann von vielen verschiedenen
Geschäften genutzt werden und kann eine bereits
profitable Cross-Promotion, wie die zuvor gesehenen,
noch weiter verstärken.

Interne Schilder

Wenn du einen Wartebereich oder eine Rezeption
hast, nutze alles, was du kannst, um deine Autorität
gegenüber Kunden und Neugierigen zu stärken.
Dankesschreiben, Artikel, Preise... stelle alles gut
sichtbar aus!

„Pelzige" Promotionen

Ein Fast-Food-Restaurant in North Carolina hat diese
Promotion erstellt: „Hunde essen kostenlos".
Praktisch sammeln sie alle Essensreste von den
Tellern der Kunden und verpacken sie in praktischen
Portionen, um sie zusammen mit dem bestellten
Essen an die Hundebesitzer auszuhändigen. Die
Promotion findet an einem bestimmten Wochentag
statt und bindet eine schöne Anzahl von Kunden.
Kosten der Promotion? Null.

Der schlimmste Tisch des Lokals

Der Besitzer eines kleinen Cafés hatte einen Tisch,
den alle in der Nähe der Tür hassten. Er entschied,
ihn den „schlimmsten Tisch des Lokals" zu nennen,
und bot jedem, der sich dort setzte, einen Rabatt von
50% auf die Rechnung an. Sofortiger Erfolg durch

Mundpropaganda. Einige Abende warteten die Leute 45 Minuten auf diesen Tisch! (Interessante Geschichte für die Zeitungen!)

Nachbarschafts-Blitz

Eine neue lokale Bank beschloss, den Markt zu erkunden, indem sie ihre Manager mit einem kleinen Geschenk, einer Tasse mit dem Logo der Bank, zu den Geschäften in der Umgebung schickte. Falls sie den Geschäftsinhaber antrafen, würden sie einfach fragen, was sie am Bankdienst, den sie nutzten, verbessern möchten. Auf diese Weise war es einfach zu verstehen, ob es für sie eine Gelegenheit gab, sich in die Lücken der Wettbewerber einzufügen.

KAPITEL 9

Post für den Verkauf

Auch heute funktioniert Werbung per Post hervorragend, sogar die bekanntesten E-Commerce-Unternehmen nutzen sie, also hör nicht auf diejenigen, die sagen, dass es unnötig ist.

Mit der Post kannst du Dinge tun, die mit anderen Mitteln unmöglich wären.

Mikro-Targeting

Nehmen wir die "Regel der 5 Häuser". Angenommen, du verkaufst Teppiche und hast gerade das Haus von Bob und Linda renoviert. Die Bewohner der 5 nächstgelegenen Häuser werden zu sehr interessanten Prospekten, weil sie Bob und Linda kennen, die deine Referenzen werden können.

Aber es gibt einen effektiveren Weg als zu hoffen, dass sie das Unternehmen für dich bewerben, dank der Post. Du kannst eine Serie von 3 Verkaufsbriefen schreiben, die die Zufriedenheit von Bob und Linda

mit deinem Service bezeugen und ihnen als Nachbarn
einen Rabatt anbieten. Dasselbe Prinzip kann auf
Restaurants, Geschäfte, Friseure, Versicherungen
usw. angewandt werden.

Im Durchschnitt antwortet einer von fünf auf das
Angebot und „entsperrt" weitere 5 benachbarte
Häuser und so weiter.

Erreiche neue Nachbarn

Wenn sich jemand umzieht, muss er normalerweise
von vorne anfangen, um Ärzte, Restaurants,
Supermärkte und vertrauenswürdige Geschäfte zu
finden.

Wenn du es irgendwie schaffst, diese neuen Nachbarn
abzufangen, könntest du einen einzigartigen Vorteil
gegenüber der Konkurrenz haben, besonders wenn
du in einem Gebiet mit hoher Mietdynamik tätig bist.
Was ich meinen Kunden immer vorschlage, ist die
Schaffung eines Events für neue Nachbarn, offen für
alle oder nur für Neuankömmlinge. Je nachdem, in
welchem Bereich du tätig bist, kann dies jeden
Monat, alle 3 oder 6 Monate erfolgen.

Es ist eine Gelegenheit, sich mit kostenlosem Essen
und Getränken, Preisverlosungen usw.
kennenzulernen.

Um sicherzugehen, dass du Eindruck machst, kannst
du direkt an die Tür der neuen Nachbarn klopfen und
sie persönlich einladen.

Die Konditorei eines meiner Kunden arbeitet in einer
kleinen Gemeinschaft und hat dennoch eine Person

ausschließlich dafür eingestellt, frische Gebäckstücke an neue Bewohner und neue Geschäfte in der Gegend zu liefern. Sie präsentieren sich nur mit diesem Willkommensgeschenk, ohne Rabatte. Am nächsten Tag erhalten sie einen Brief mit einem ablaufenden Coupon, und fast alle lösen ihn ein, weil sie zuerst ein freundliches Geschenk erhalten haben.

Die Kombination von Geschenk und Coupon in dieser Reihenfolge schafft Loyalität und generiert viel mehr Verkäufe als nur eine der beiden Aktionen einzeln.

Die 2 größten Vorteile der Post

Zuerst kannst du dort sein, wo sonst niemand den Mut oder die Lust hat hinzugehen. Du kannst dich auf ungewöhnliche und dramatische Weise zeigen, indem du seltsame und sympathische Gegenstände versendest. Hier ist eine Liste von Dingen, die ich im Laufe der Jahre verschickt habe:

- Ofenhandschuhe

- Spielzeuge

- Mülleimer

- Aspirin

- Lupen

- Uhren

- Schuhe

- Puppen

- Riesengummi „für große Fehler"

- Kekse

Einige der Themen, die du verwenden kannst:

- Achtung: Die enthaltenen Informationen sind „too hot to handle" zu heiß, um sie anzufassen (Wortspiel, das im Deutschen keinen Sinn ergibt);

- Es ist Zeit, alle alten Überzeugungen über...

- Wenn dein aktueller Anbieter von X dir Kopfschmerzen bereitet

- Die Zeit läuft ab

Der zweite Vorteil ist, dass du eine Aufmerksamkeit erhältst, die dir kein anderes Medium je geben kann.

Was auch immer dein Geschäft ist, du kannst ein „Schockpaket" erstellen, das an diejenigen gesendet wird, die mehr Informationen anfordern. Mit einem meiner Kunden im Renovierungsbereich haben wir ein Paket erstellt mit:

- Informationen geschrieben in einem 12-seitigen Verkaufsbrief

- eine DVD mit Bildern der Arbeiten, die für andere Kunden durchgeführt wurden, mit ihren Testimonials

- ein Päckchen Popcorn und 2 Biere zum Genießen während der DVD

- eine Schritt-für-Schritt-Anleitung zur Renovierung

- eine von Hand unterschriebene 5-Jahres-

Garantie vom Inhaber

Wenn man bedenkt, dass Kunden normalerweise mehr als ein Unternehmen kontaktieren, bevor sie sich entscheiden, wer wird ihrer Meinung nach ihre Aufmerksamkeit und ihr Vertrauen gewinnen?

Empfehlung per Post

Eines Tages erhielt ich einen Brief mit handschriftlicher Adresse von einem Bekannten. Ich öffnete und las ihn sofort, ich war neugierig.

Kleine Anmerkung: Nehme niemals an, dass der Brief, den du versendest, zugestellt, geöffnet und gelesen wird. Tue immer alles Mögliche, damit diese drei Dinge geschehen.

Der Brief begann so: Hallo, wir haben schon lange nicht mehr gesprochen und dieser Brief mag dir etwas seltsam erscheinen, aber ich schreibe dir wegen meines Klempners.

Weiter erklärte er, wie dieser Klempner prompt auf einen Notfall vor einer wichtigen Party reagiert hatte, was die Veranstaltung rettete. Dann erklärte er, wie in Häusern, die älter als 5 Jahre sind, diese Art von Problemen jederzeit auftreten könnten, was ärgerliche und kostspielige Unannehmlichkeiten verursacht. Schließlich schlug er vor, ihn für eine Inspektion anzurufen, um nie diese schlechte Erfahrung machen zu müssen.

Diese Art von Empfehlung funktioniert sehr gut, wenn der zufriedene Kunde eine respektierte und einflussreiche Person in einer auch kleinen Gruppe

von Menschen ist, weil die Investitionsrendite sehr
hoch ist.

KAPITEL 10

Digitale Investitionen

Mittlerweile ist jeder im Internet, einer glitzernden und sich ständig verändernden Welt. In diesem Kapitel werden wir sehen, wie man die Ausgaben basierend auf Bedarf gut bewerten kann, ohne Geld in ein schwarzes Loch zu werfen.

Die Webseite

Beginnen wir damit zu sagen, dass wir alle eine Webseite brauchen. Viele potenzielle Kunden möchten die Webseite besuchen, bevor sie entscheiden, ob du die richtige Wahl für sie bist. Es ist jedoch wichtig, sich nicht in verrückte Ausgaben hineinziehen zu lassen, indem man kompliziertere Seiten erstellt, als man tatsächlich benötigt.

Wichtig ist, dass sie sauber, einfach zu navigieren, schnell und mit allen Informationen, die Kunden benötigen könnten, ausgestattet ist. Du solltest in der Lage sein (du oder ein Mitarbeiter/Kollege), Änderungen vorzunehmen oder Informationen wie Fotos und Öffnungszeiten hinzuzufügen, ohne einen Techniker fragen zu müssen; Autonomie ist entscheidend.

Jetzt, wo du eine Webseite hast, musst du Traffic darauf bringen; er kommt nicht automatisch. Du kannst dies auf verschiedene Weise tun:

- SEO (Suchmaschinenoptimierung). Folge den SEO-Regeln, indem du dich auf Branchenexperten und SEO-Texter verlässt;

- Google Ads. Google-Werbung;

- PR. Verlasse dich auf PR-Agenturen, die deine Webseite gemäß deinen Zielen fördern (Kapitel 12).

Web-Coupons

Denke an Groupon oder die Rabatte von The Fork oder Booking. Oft sind es Rabatte, die keinen angemessenen Umsatz ermöglichen, aber du kannst sie intelligent nutzen.

Das Ziel sollte sein, dein Geschäft neuen Kunden ohne Werbeausgaben bekannt zu machen. Danach liegt es an dir, alles zu tun, um diese Kunden zurückzubringen und zu binden. Berechne genau, wie viel Rabatt du anbieten kannst und wie lange.

Wenn du von einer Groupon-Promotion einen großen Rücklauf hattest, wiederhole sie nicht für mindestens ein weiteres Jahr; es macht keinen Sinn, dieselben Leute, die dich gerade entdeckt haben, erneut anzusprechen. Es sei denn, es ist ein Angebot für einen völlig anderen Service.

KAPITEL 11

Außenwerbung

Außenwerbung ist wahrscheinlich eine der ältesten Formen. Sie kann sehr teuer sein, deshalb werden wir sehen, wie man ihren Effekt maximieren kann.

Branding-Fahrzeuge

Du kannst dein Geschäft mit speziellen Fahrzeugen bewerben, wie es unser Kunde, ein Computerhilfe-Unternehmen, getan hat. Er kaufte einen gelben Volkswagen Käfer mit ihrem Logo „Help! Wizards" auf beiden Seiten. Mindestens einmal pro Woche ruft jemand an, weil er den Käfer in der Stadt gesehen hat.

Unterschätze nicht die magnetischen Schilder, die zu bestimmten Zeiten des Jahres oder für spezielle Promotionen am Fahrzeug angebracht werden können.

Wenn du dein Fahrzeug für Werbung nutzt, stelle sicher, dass es immer sauber ist und, wenn es nicht benutzt wird, in Bereichen mit viel Verkehr geparkt wird.

Gartenschilder

75% der Renovierungsarbeiten werden durch die klassischen Schilder in den Gärten der Häuser generiert, in denen die Arbeiten durchgeführt werden. Mehr als jede andere Werbung. Sie sind kostengünstig, wiederverwendbar und schaffen unglaubliches Vertrauen, weil es den Beweis gibt, dass jemand, den du kennst (dein Nachbar), diesem Unternehmen vertraut.

Natürlich musst du den Kunden um Erlaubnis bitten, dies zu tun, aber es kann ein Trick sein, um eine Preisverhandlung zu beenden. Aufgrund der geringen Größe dieser Schilder muss die Botschaft einfach und lesbar sein: was du tust und die Telefonnummer.

Diese Art von Schildern funktioniert nur für Dienstleistungen, die das Haus verbessern, nicht für peinliche Dinge wie Schädlingsbekämpfung, Sanierung von giftigen Materialien usw.

Plakatwände

Die teuersten von allen sind die riesigen Plakatwände. Der einzige Weg herauszufinden, ob sie für dich nützlich sind, ist es zu versuchen und zu verfolgen, wie viele Personen die speziell dafür eingerichtete Telefonnummer anrufen.

In der Regel ist es ratsam, vor der Auswahl des Standorts mit dem Auto in der Umgebung der Plakatwand herumzufahren, um zu verstehen, wie die Menschen interagieren können: Entfernung, Lesezeit, Sichtbehinderungen, Beleuchtung usw. Frage, ob die

Agentur weniger kostspielige Plätze hat oder welche,
die sie nicht vermieten können, und finde kreative
Lösungen.

WAHRHEIT Nr.9

Plakatwände sind nur nützlich, wenn Fahrer sie lesen
können: maximal 6 Wörter, lesbare Schriftart und
einfache Nachricht. Wenn du das nicht kannst,
verschwende so nicht dein Geld.

Aufblasbare Elemente und Kostüme

Wenn du eine zentral genug gelegene Location hast,
können aufblasbare Elemente oder „menschliche
Maskottchen" viel Aufmerksamkeit auf den Eingang
deines Geschäfts lenken. Besonders in bestimmten
Zeiten des Jahres mit einem höheren Personenfluss,
wie zum Beispiel den wichtigsten Feiertagen.

KAPITEL 12

PR/lokale Nachrichten und Events

Werbeaktionen durch PR und lokale Nachrichten zu erhalten, kann einen größeren Einfluss haben als einfache Werbung. Deine Geschichte wird Teil der Unterhaltung, was der eigentliche Grund ist, warum Menschen eine Zeitschrift lesen, einem Radioprogramm zuhören oder eine Fernsehsendung anschauen.

Das Schwierigste ist, deine Geschichte so interessant zu machen, dass Reporter sie eigenständig teilen wollen, um ihr Publikum zu unterhalten.

Ein weiterer Nachteil ist, dass du nicht kontrollieren kannst, was in dem Artikel über dich gesagt wird, wie du es bei einem Sponsoring tun würdest. Genau diese Gründe machen sie so mächtig und glaubwürdig im Vergleich zur Werbung.

Wenn du denkst, dass du es allein nicht schaffst, solltest du dich an eine PR-Agentur wenden, die gute

Kontakte auf lokaler oder nationaler Ebene hat, je
nach deinem Ziel.

Das Wichtigste ist, die Ergebnisse zu verfolgen: Diese
Kampagnen können teuer sein, daher ist es
entscheidend, einen Weg zu finden, um zu verfolgen,
wie viele Verkäufe sie generieren (dedizierte
Landingpage, exklusive Telefonnummer usw.).

Wie man Interesse weckt

Es gibt verschiedene Wege, um Werbung zu
generieren: eine große Eröffnung, Managerwechsel,
neue Produkte oder Dienstleistungen,
Spendenaktionen.

Du kannst das Event auch so strukturieren, dass es
die Aufmerksamkeit der Medien auf sich zieht: Wenn
du im Fernsehen interviewt wurdest, kannst du ein
Foto von dir mit dem Journalisten verwenden, um
das Event zu bewerben, oder du kannst wichtige
lokale Gäste einladen.

Versuche, einen Kontakt zu lokalen Medien
herzustellen und ihnen regelmäßig interessante
Geschichten zu liefern, du könntest zum lokalen
Experten werden.

Verkaufen während Events

Jeder kann während Marketing-Events verkaufen, sei
es Seminare, Workshops oder reine Dankespartys für
Kunden. Hier sind einige Tipps, um sicherzustellen,
dass du dein Event maximal nutzt:

- Erwarte nicht, dass das Event sich von selbst füllt, du musst es angemessen bewerben;

- Plane und bewirb es rechtzeitig, lokal benötigt man 3 bis 8 Wochen Vorlauf;

- Motiviere die Leute, Tickets zu reservieren, um Daten zu sammeln und eine Informations- und Neugierde-erzeugende E-Mail-Sequenz zum Event zu starten;

- Wenn du das Event an einem anderen Ort als deinem Büro/Sitz veranstaltest, wähle einen mit ausreichend Parkplätzen, leicht zu finden, attraktiv, aber nicht übermäßig luxuriös;

- Wenn du ein thematisches Event erstellen kannst, das Spaß macht und ungewöhnlich ist, zögere nicht. Du wirst viel mehr Interesse und Mundpropaganda erzeugen;

- Vermeide es, ein langweiliges Event zu schaffen, plane taktische Pausen und Unterhaltungsmomente, auch wenn sie kurz sind.

Ich möchte dir ein Beispiel für ein "kollaboratives Event" geben, das in einem Einkaufsdorf für die Veröffentlichung des neuen Harry-Potter-Buchs organisiert wurde.

Die Händler schufen ein Abendevent, bei dem alle Geschäfte und Restaurants über die üblichen Öffnungszeiten hinaus offen blieben, und jeder von ihnen verkaufte themenbezogene Gadgets oder Snacks. Kinder, die in thematischen Kostümen erschienen, erhielten das Buch zu einem reduzierten

Preis.

Dank der Kontaktlisten der einzelnen Geschäfte und Restaurants, die rechtzeitig über das Event informiert wurden, profitierten alle Teilnehmer von der Zusammenarbeit und gegenseitigen Sichtbarkeit. Aufgrund der Einzigartigkeit des Events luden viele Kunden Freunde und Verwandte ein, teilzunehmen, und die Händler gewannen viele neue Kunden.

Das letzte Beispiel, das ich bringen möchte, ist das eines Cafés in Tampa, Florida. Sie nannten dieses Event "Kundenschätzungstag" und boten 50% Rabatt auf alles.

Sie planten Unterhaltung, Essen und Getränke nach Belieben und organisierten alles so, dass der Service immer hervorragend war. Die Stärke einer solchen Promotion ist, dass sie viele neue Kunden dazu bringt, unser Geschäft auszuprobieren.

Der Preis ist so niedrig, dass klar ist, dass es sich um eine einmalige und isolierte Veranstaltung handelt, die die sogenannte "Preisintegrität" nicht beeinträchtigt.

An diesem Tag verdreifachten sich die Verkäufe und die Kundenanzahl vervierfachte sich. Im Monat nach dem Event stiegen die Verkäufe um 13%, weil die Hälfte der neuen Kunden zurückkehrte und später etwas kaufte.

Um diese Ergebnisse mit Werbung zu erreichen, hätte die Investition sicherlich viel mehr gekostet.

Du kannst auch entscheiden, ob du kleinere Events erstellen möchtest, um die langsameren Tage der

Woche zu füllen.

Wie immer, finde einen Weg, alle Daten der Promotion zu verfolgen, um zu verstehen, was funktioniert hat und was nicht, indem du immer den ROI der Promotion definierst.

Anmerkungen

Diese Zusammenfassung von „Grassroots Marketing for Local Small Business" wurde sorgfältig erstellt, um die Prinzipien des Kennedy-Denkens auf Deutsch zu verbreiten. Sie ist Teil der berühmten Buchreihe „No B.S." (übersetzbar als „Kein Unsinn"), die von Dan Kennedy erstellt wurde.

Dan Kennedy ist einer der einflussreichsten und bedeutendsten Protagonisten des Direct-Response-Marketings und leider sind seine Bücher nur in Englisch verfügbar.

Obwohl dies eine extrem verkürzte Version ohne die Originalbilder ist, glauben wir, dass sie als Sprungbrett für diejenigen dienen kann, die Englisch nicht gut kennen, aber dennoch sein Denken vertiefen und anwenden möchten. Der Zweck dieser Zusammenfassung ist rein informativ, wir möchten in keiner Weise das Originalbuch von Dan Kennedy ersetzen (erhältlich auf Amazon über den QR-Code).

Das Team von Kompakt Verlag

9 798880 468904